Impressum
Verlag: BABADADA GmbH, Nedderfeld 112 , 22529 Hamburg
Geschäftsführer / Verlagsleitung: Harald Hof
Druck: Books on Demand GmbH, In de Tarpen 42, 22848 Norderstedt

Imprint
Publisher: BABADADA GmbH, Nedderfeld 112 , 22529 Hamburg, Germany
Managing Director / Publishing direction: Harald Hof
Print: Books on Demand GmbH, In de Tarpen 42, 22848 Norderstedt

shule

σχολείο

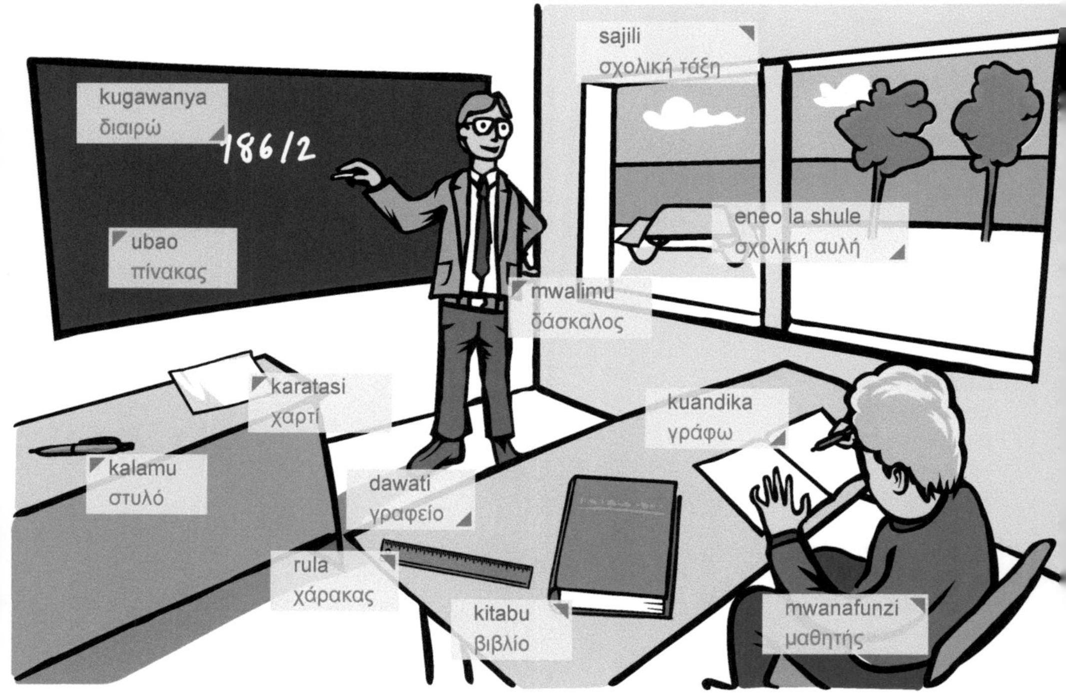

sajili
σχολική τάξη
kugawanya
διαιρώ
186/2
ubao
πίνακας
eneo la shule
σχολική αυλή
mwalimu
δάσκαλος
karatasi
χαρτί
kuandika
γράφω
kalamu
στυλό
dawati
γραφείο
rula
χάρακας
kitabu
βιβλίο
mwanafunzi
μαθητής

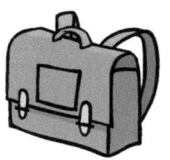

mkoba

σχολική τσάντα

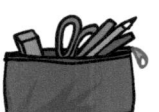

kikasha cha penseli

κασετίνα/ μολυβοθήκη

penseli

μολύβι

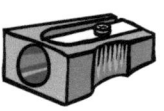

kichonga penseli

ξύστρα

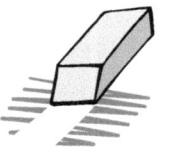

mpira

γόμα

pedi ya kuchora

μπλοκ ζωγραφικής

uchoraji

ζωγραφική

brashi ya rangi

πινέλο

sanduku la rangi

κουτί χρωμάτων

mkasi

ψαλίδι

gundi

κόλλα

daftari

τετράδιο ασκήσεων

kazi ya nyumbani

εργασία για το σπίτι

12

nambari

αριθμός

2+2

jumlisha

προσθέτω

5-2

ondoa

αφαιρώ

2x2

zidisha

πολλαπλασιάζω

kokotoa

υπολογίζω

A

barua

γράμμα

ABCDEFG
HIJKLMN
OPQRSTU
VWXYZ

alfabeti

αλφάβητο

hello

neno

λέξη

maandishi

κείμενο

kusoma

διαβάζω

chaki

κιμωλία

somo

μάθημα

sajili

εγγράφομαι

uchunguzi

τεστ

cheti

πιστοποιητικό

sare za shule

μαθητική στολή

elimu

εκπαίδευση

elezo

εγκυκλοπαίδεια

chuo kikuu

πανεπιστήμιο

darubini

μικροσκόπιο

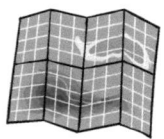

ramani

χάρτης

kikapu cha kuweka karatasi chafu

καλάθι αχρήστων

usafiri
ταξίδι

hoteli
ξενοδοχείο
Grand
hosteli
ξενώνας
ROOMS
ofisi ya ubadilishanaji
ανταλλακτήρια συναλλάγματος
CHANGE
sanduku
βαλίτσα
gari
αυτοκίνητο

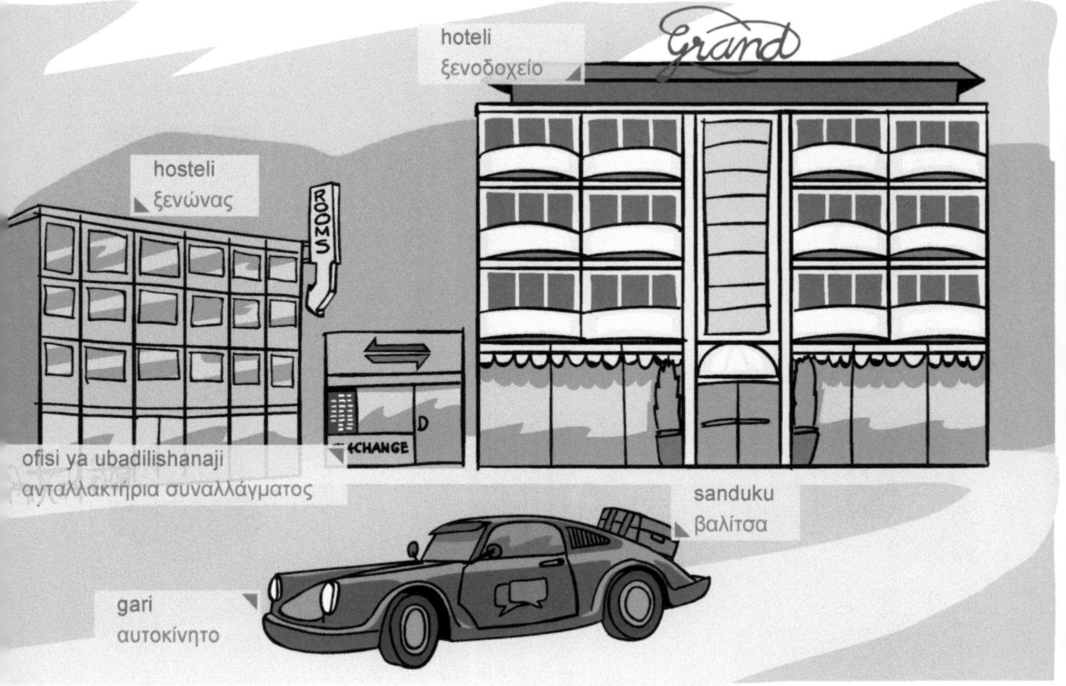

lugha

γλώσσα

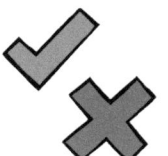

ndiyo / la

ναι / όχι

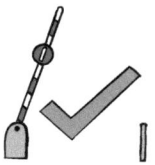

sawa

εντάξει

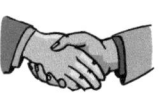

hujambo

γεια σου

mtafsiri

μεταφραστής

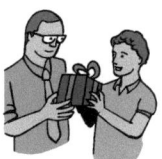

Asante

Ευχαριστώ

kiasi gani ni ...?

πόσο κάνει ;

Sielewi

Δε καταλαβαίνω

tatizo

πρόβλημα

Jioni njema!

Καλησπέρα!

Habari za asubuhi!

Καλημέρα!

Usiku mwema!

Καληνύχτα!

kwa heri

Αντίο

mwelekeo

κατεύθυνση

mizigo

αποσκευές

mfuko

τσάντα

shanta

σακίδιο πλάτης

mgeni

καλεσμένος

chumba

δωμάτιο

begi la kulalia

υπνόσακος

hema

σκηνή

taarifa ya utalii

τουριστικές πληροφορίες

ufuo

παραλία

kadi

πιστωτική κάρτα

kifunguakinywa

πρωινό

chakula cha mchana

μεσημεριανό

chakula cha jioni

δείπνο

tiketi

εισιτήριο

kuinua

ανελκυστήρας

muhuri

γραμματόσημο

mpaka

σύνορα

mila

τελωνείο

ubalozi

πρεσβεία

visa

βίζα

pasipoti

διαβατήριο

usafiri
μεταφορά

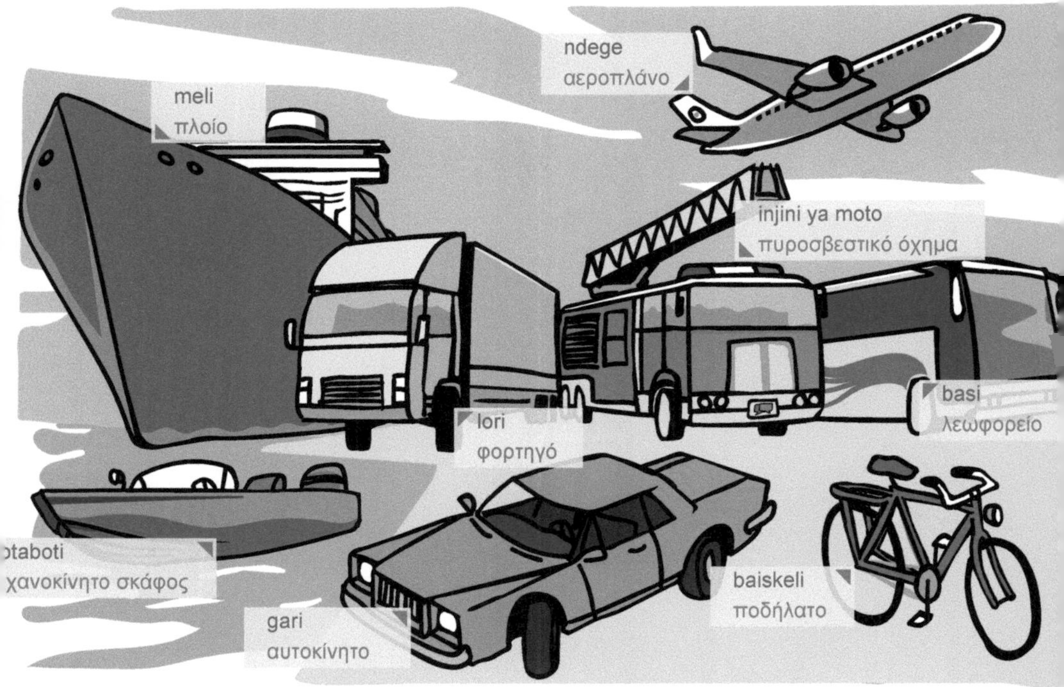

ndege
αεροπλάνο
meli
πλοίο
injini ya moto
πυροσβεστικό όχημα
basi
λεωφορείο
lori
φορτηγό
taboti
χανοκίνητο σκάφος
baiskeli
ποδήλατο
gari
αυτοκίνητο

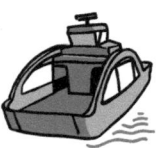

feri

φεριμπότ

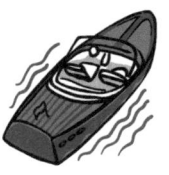

mashua

βάρκα

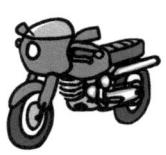

pikipiki

μοτοσικλέτα

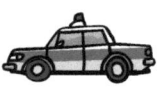

gari la polisi

περιπολικό

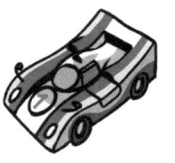

gari la mashindano

αγωνιστικό αυτοκίνητο

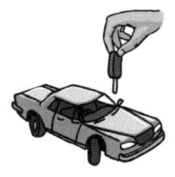

gari la kukodisha

ενοικιαζόμενο αυτοκίνητο

kushiriki gari

Διαμοιρασμός αυτοκινήτων

lori la kuvuta

γερανός

ukusanyaji taka

απορριμματοφόρο

motor

κινητήρας

mafuta

καύσιμο

kituo cha mafuta

βενζινάδικο

ishara trafiki

πινακίδα σήμανσης

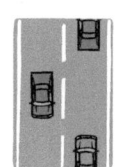

trafiki

κυκλοφορία

msongamano

κυκλοφοριακή συμφόρηση

maegesho

χώρος στάθμευσης

kituo cha treni

σιδηροδρομικός σταθμός

reli

σιδηροδρομικές γραμμές

garimoshi

τρένο

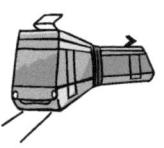

tremu

τραμ

gari la mizigo

βαγόνι

helikopta

ελικόπτερο

uwanja wa ndege

αεροδρόμιο

mnara

πύργος

abiria

επιβάτης

chombo

εμπορευματοκιβώτιο

katoni

χαρτοκιβώτιο

mkokoteni

καρότσι

kikapu

καλάθι

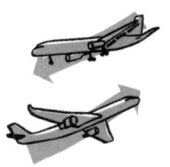

ondoka

απογειώνομαι /
προσγειόνομαι

jiji

πόλη

kijiji

χωριό

katikati ya jiji

κέντρο της πόλης

nyumba

σπίτι

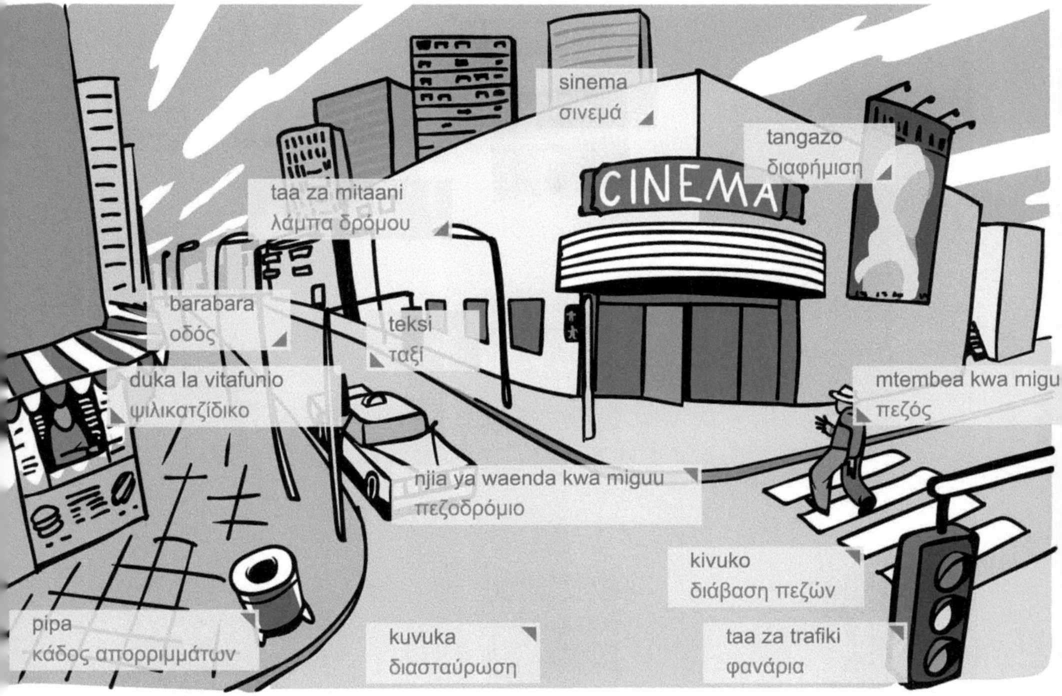

sinema
σινεμά

tangazo
διαφήμιση

taa za mitaani
λάμπα δρόμου

CINEMA

barabara
οδός

teksi
ταξί

duka la vitafunio
ψιλικατζίδικο

mtembea kwa migu
πεζός

njia ya waenda kwa miguu
πεζοδρόμιο

kivuko
διάβαση πεζών

pipa
κάδος απορριμμάτων

kuvuka
διασταύρωση

taa za trafiki
φανάρια

kibanda

καλύβα

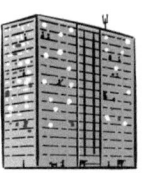

gorofa

διαμέρισμα

kituo cha treni

σιδηροδρομικός σταθμός

ukumbi wa mji

δημαρχείο

Makavazi

μουσείο

shule

σχολείο

chuo kikuu

πανεπιστήμιο

benki

τράπεζα

hospitali

νοσοκομείο

hoteli

ξενοδοχείο

duka la dawa

φαρμακείο

ofisi

γραφείο

duka la kitabu

βιβλιοπωλείο

duka

κατάστημα

duka la maua

ανθοπωλείο

dukakuu

σούπερ μάρκετ

soko

αγορά

idara ya kuhifadhi

πολυκατάστημα

mwuza samaki

ιχθυοπωλείο

kituo cha ununuzi

εμπορικό κέντρο

bandari

λιμάνι

Hifadhi

πάρκο

benki

παγκάκι

daraja

γέφυρα

vidato

σκάλες

chini ya ardhi

μετρό

handaki

τούνελ

kituo cha mabasi

στάση λεωφορείου

bar

μπαρ

mgahawa

εστιατόριο

sanduku la posta

γραμματοκιβώτιο

ishara ya barabara

πινακίδα δρόμου

mita ya maegesho

παρκόμετρο

bustani ya wanyama

ζωολογικός κήπος

kidimbwi cha kuogelea

πισίνα

msikiti

τζαμί

shamba

αγρόκτημα

uchafuzi

ρύπανση

makaburini

νεκροταφείο

kanisa

εκκλησία

uwanja wa michezo

παιδική χαρά

hekalu

ναός

mazingira
τοπίο

jani
φύλλο

ishara ya mwelekeo
πινακίδα κατεύθυνσης

njia
δρόμος

malisho
λιβάδι

jiwe
πέτρα

mtembeaji wa masafa
πεζοπόρος

mti
δέντρο

mto
ποτάμι

nyasi
χορτάρι

ua
λουλούδι

bonde

κοιλάδα

kilima

λόφος

ziwa

λίμνη

msitu

δάσος

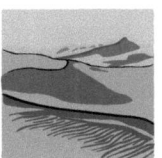

jangwa

έρημος

volkano

ηφαίστειο

ngome

κάστρο

upinde wa mvua

ουράνιο τόξο

uyoga

μανιτάρι

mtende

φοίνικας

mbu

κουνούπι

kuruka

μύγα

chungu

μυρμήγκι

nyuki

μέλισσα

buibui

αράχνη

mende

σκαθάρι

chura

βάτραχος

kuchakuro

σκίουρος

nungunungu

σκαντζόχοιρος

sungura

λαγός

bundi

κουκουβάγια

ndege

πουλί

swan

κύκνος

nguruwe mwitu

αγριογούρουνο

kulungu

ελάφι

aina ya kongoni

άλκη

bwawa

φράγμα

tabo ya upepo

ανεμογεννήτρια

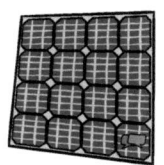

nishaji ya jua

ηλιακός συλλέκτης

hali ya hewa

κλίμα

mhudumu
σερβιτόρος

menyu
κατάλογος

kiti
καρέκλα

supu
σούπα

piza
πίτσα

kitambaa cha mezani
τραπεζομάντιλο

vilia
μαχαιροπίρουνα

kiamsha hamu

ορεκτικό

kozi kuu

κύριο πιάτο

kitindamlo

επιδόρπιο

vinywaji

ποτά

chakula

φαγητό

chupa

μπουκάλι

chakula cha haraka

φαστ φουντ

Streetfood

φαγητό στ' όρθιο

buli

τσαγιέρα

kisanduku cha sukari

δοχείο ζάχαρης

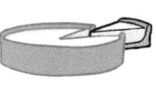

sehemu

μερίδα

mashine ya espresso

μηχανή εσπρέσο

kiti kirefu

ψηλή καρέκλα

muswada

λογαριασμός

trei

δίσκος

kisu

μαχαίρι

uma

πιρούνι

kijiko

κουτάλι

kijiko cha chai

κουταλάκι του τσαγιού

nepi

πετσέτα φαγητού

glasi

ποτήρι

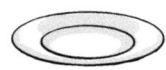

sahani
πιάτο

sahani ya supu
πιάτο σούπας

sufuria
πιατάκι φλιτζανιού

mchuzi
σάλτσα

kichanyaji chumvi
αλατιέρα

kinu cha pilipili
μύλος για πιπέρι

siki
ξύδι

mafuta
λάδι

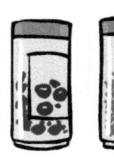

viungo
μπαχαρικά

kechapu
κέτσαπ

haradali
μουστάρδα

kachumbari nzito
μαγιονέζα

dukakuu
σούπερ μάρκετ

ofa maalum
προσφορά
FOR
mteja
πελάτης
maziwa
γαλακτοκομικά προϊόντα
matunda
φρούτα
toroli
καρότσι για ψώνια

BUTCHERS

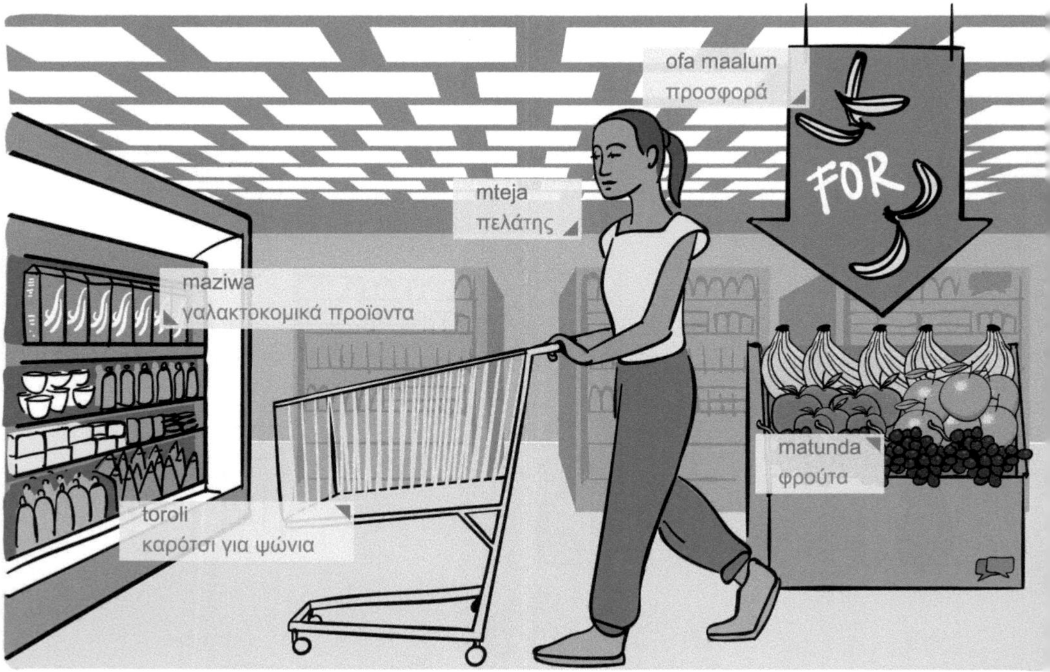

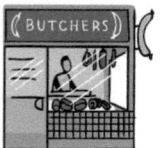

mchinjaji

κρεοπωλείο

BAKERY

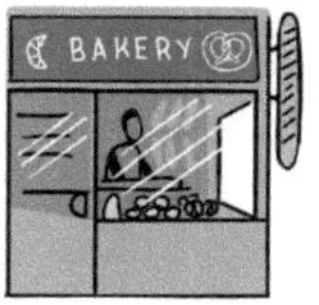

mwokaji

φούρνος

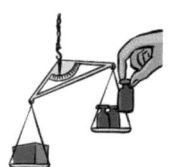

uzito

ζυγίζω

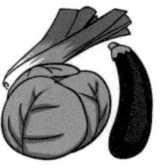

mboga

λαχανικά

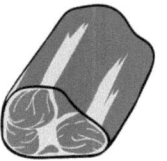

nyama

κρέας

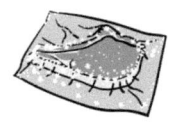

chakula waliohifadhiwa

κατεψυγμένα τρόφιμα

vipande vya nyama baridi

αλλαντικά

chakula cha kopo

κονσερβοποιημένη τροφή

sabuni ya unga

απορρυπαντικό ρούχων

pipi

γλυκά

bidhaa za kaya

οικιακά είδη

bidhaa za kusafisha

καθαριστικά προϊόντα

mtu mauzo

πωλήτρια

mpaka

ταμείο

keshia

ταμίας

orodha ya manunuzi

λίστα για ψώνια

masaa ya ufunguzi

ωράριο λειτουργίας

mkoba

πορτοφόλι

kadi

πιστωτική κάρτα

mfuko

τσάντα

mfuko wa plastiki

πλαστική σακούλα

maji

νερό

sharubati

χυμός

maziwa

γάλα

coke

κόκα κόλα

mvinyo

κρασί

bia

μπίρα

pombe

αλκοόλ

kakao

κακάο

chai

τσάι

kahawa

καφές

spreso

εσπρέσο

kapuchino

καπουτσίνο

ndizi

μπανάνα

tufaha

μήλο

machungwa

πορτοκάλι

tikiti

πεπόνι

lemon

λεμόνι

karoti

καρότο

kitunguu saumu

σκόρδο

mianzi

μπαμπού

kitunguu

κρεμμύδι

uyoga

μανιτάρι

karanga

ξηροί καρποί

nudo

νουντλς

spageti

μακαρόνια

mpunga

ρύζι

saladi

σαλάτα

vibanzi

πατατάκια

viazi vya kukaanga

τηγανητές πατάτες

piza

πίτσα

hambaga

χάμπουργκερ

sandwichi

σάντουιτς

kipande

κοτολέτα

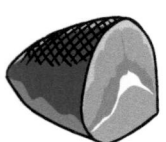

paja la mnyama

ζαμπόν

salami

σαλάμι

soseji

λουκάνικο

kuku

κοτόπουλο

choma

ψητό

samaki

ψάρι

oats ya uji

χυλός βρώμης

muesli

μούσλι

cornflakes

κορν φλέικς

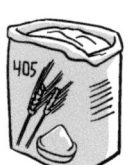

unga

αλεύρι

kroisanti

κρουασάν

andazi

ψωμάκι

mkate

ψωμί

mkate wa kubanika

τοστ

biskuti

μπισκότα

siagi

βούτυρο

maziwa mgando

τυρόπηγμα

keki

κέικ

yai

αυγό

yai kukaanga

τηγανητό αυγό

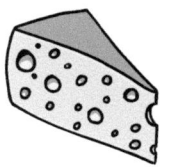

jibini

τυρί

aiskrimu

παγωτό

sukari

ζάχαρη

asali

μέλι

jemu

μαρμελάδα

kuenea kwa chokoleti

άλλειμμα σοκολάτας

mchuzi wa viungo

κάρυ

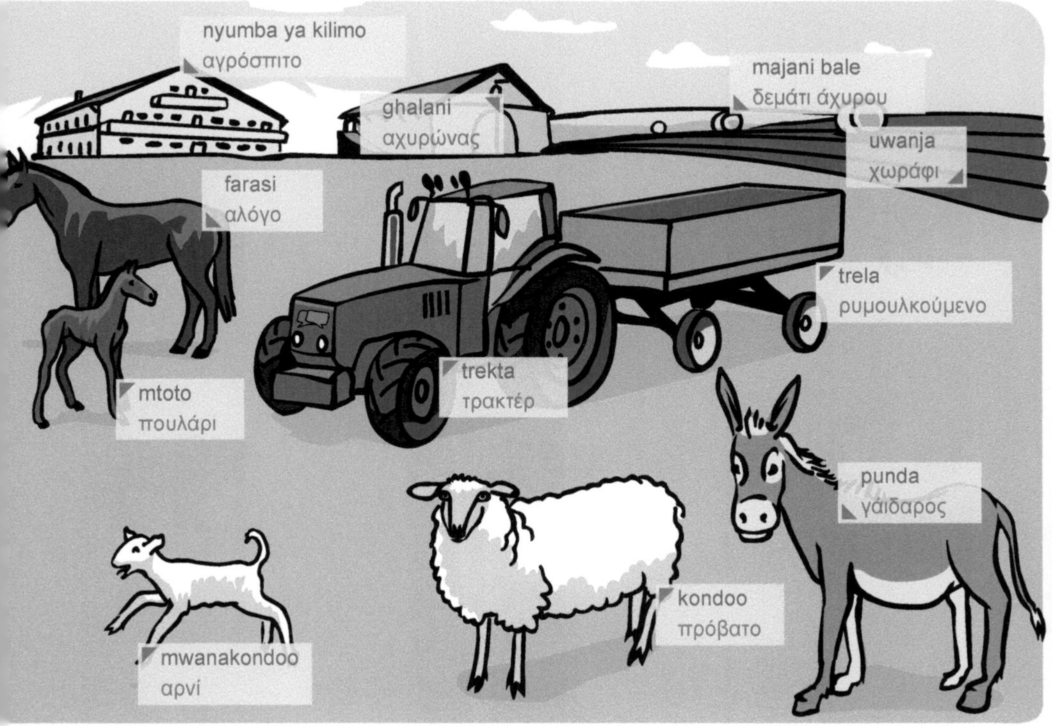

nyumba ya kilimo
αγρόσπιτο

ghalani
αχυρώνας

majani bale
δεμάτι άχυρου

uwanja
χωράφι

farasi
αλόγο

trela
ρυμουλκούμενο

mtoto
πουλάρι

trekta
τρακτέρ

punda
γάιδαρος

kondoo
πρόβατο

mwanakondoo
αρνί

mbuzi

κατσίκα

ng'ombe

αγελάδα

ndama

μοσχαράκι

nguruwe

γουρούνι

mwananguruwe

γουρουνάκι

fahali

ταύρος

batabukini

χήνα

bata

πάπια

kifaranga

κοτοπουλάκι

kuku

κότα

jogoo

κόκορας

panya

αρουραίος

paka

γάτα

panya

ποντίκι

ng'ombe

βόδι

mbwa

σκύλος

nyumba ya mbwa

σπιτάκι σκύλου

bomba la bustani

λάστιχο κήπου

debe la kumwagilia maji

ποτιστήρι

fyekeo

θεριστήρι

kulima

αλέτρι

mundu

δρεπάνι

jembe

τσάπα

uma wa nyasi

δίκρανο

shoka

τσεκούρι

toroli

χειράμαξα

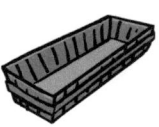

kupitia nyimbo

ταΐστρα

chombo cha maziwa

δοχείο γάλακτος

gunia

σάκος

ua

φράχτης

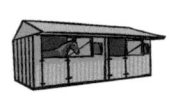

imara

στάβλος

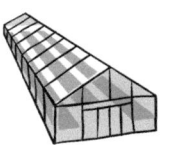

chafu

θερμοκήπιο

udongo

έδαφος

mbegu

σπόρος

mbolea

λίπασμα

kivunaji

θεριζοαλωνιστική μηχανή

mavuno

θερίζω

mavuno

συγκομιδή

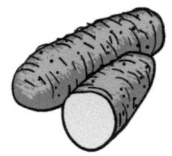

viazi vikuu

γιαμς

ngano

σιτάρι

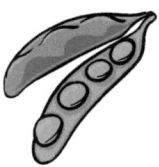

soya

σόγια

viazi

πατάτα

mahindi

καλαμπόκι

rapa

κράμβη

mti wa matunda

οπωροφόρο δέντρο

muhogo

μανιόκα

nafaka

δημητριακά

shamba - αγρόκτημα

nyumba

σπίτι

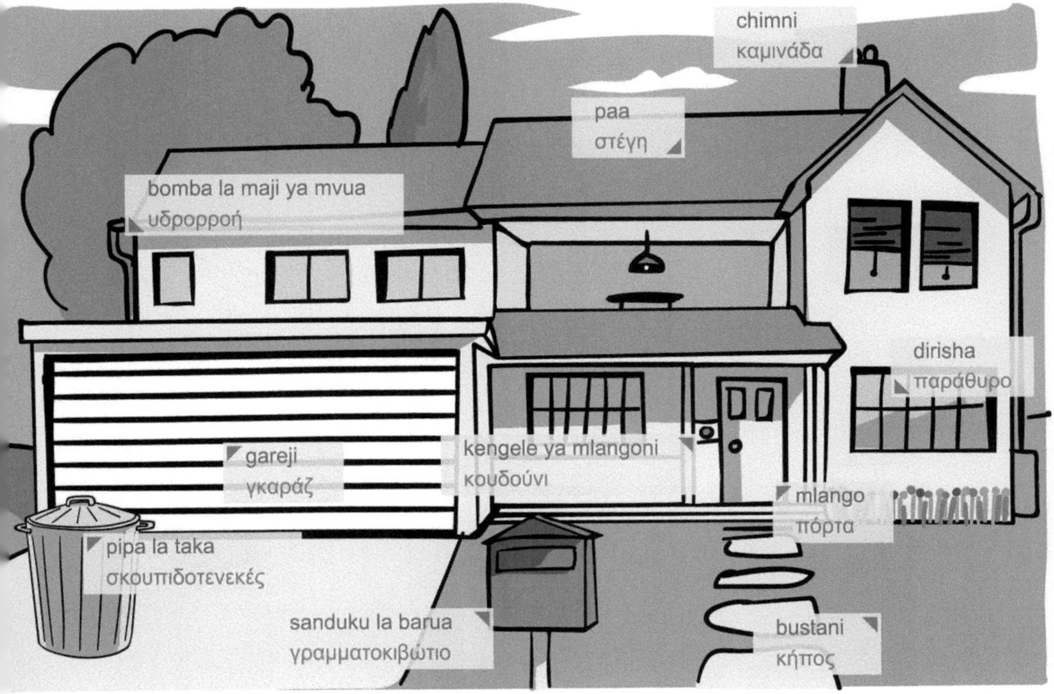
chimni
καμινάδα
paa
στέγη
bomba la maji ya mvua
υδρορροή
dirisha
παράθυρο
gareji
γκαράζ
kengele ya mlangoni
κουδούνι
mlango
πόρτα
pipa la taka
σκουπιδοτενεκές
sanduku la barua
γραμματοκιβώτιο
bustani
κήπος

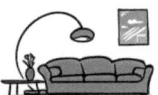

sebuleni

σαλόνι

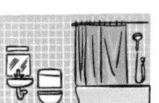

bafu

μπάνιο

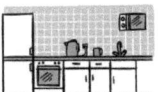

jikoni

κουζίνα

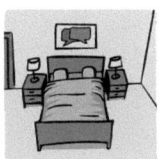

chumba cha kulala

υπνοδωμάτιο

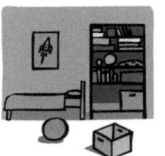

chumba ya mtoto

παιδικό δωμάτιο

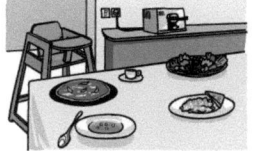

chumba cha kulia

τραπεζαρία

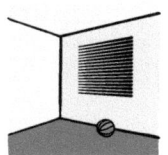

sakafu

πάτωμα

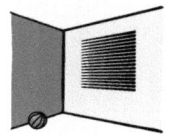

ukuta

τοίχος

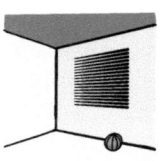

dari

οροφή

pishi

κελάρι

sauna

σάουνα

roshani

μπαλκόνι

mtaro

βεράντα

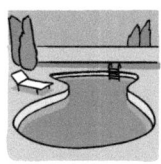

kidimbwi

πισίνα

mashine ya kukata nyasi

μηχανή του γκαζόν

karatasi

σεντόνι

kitambaa cha kupamba
kitanda

κάλυμμα κρεβατιού

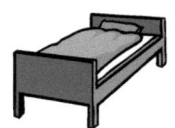

kitanda

κρεβάτι

ufagio

σκούπα

ndoo

κουβάς

kubadili

διακόπτης

sebuleni
σαλόνι

mandhari
ταπετσαρία
picha
φωτογραφία
taa
λάμπα
rafu
ράφι
kabati
ντουλάπι
televisheni/runinga
τηλεόραση
mekoni
τζάκι
ua
λουλούδι
mto
μαξιλάρι
sofa
καναπές
chombo cha maua
βάζο
kitenzambali
τηλεκοντρόλ

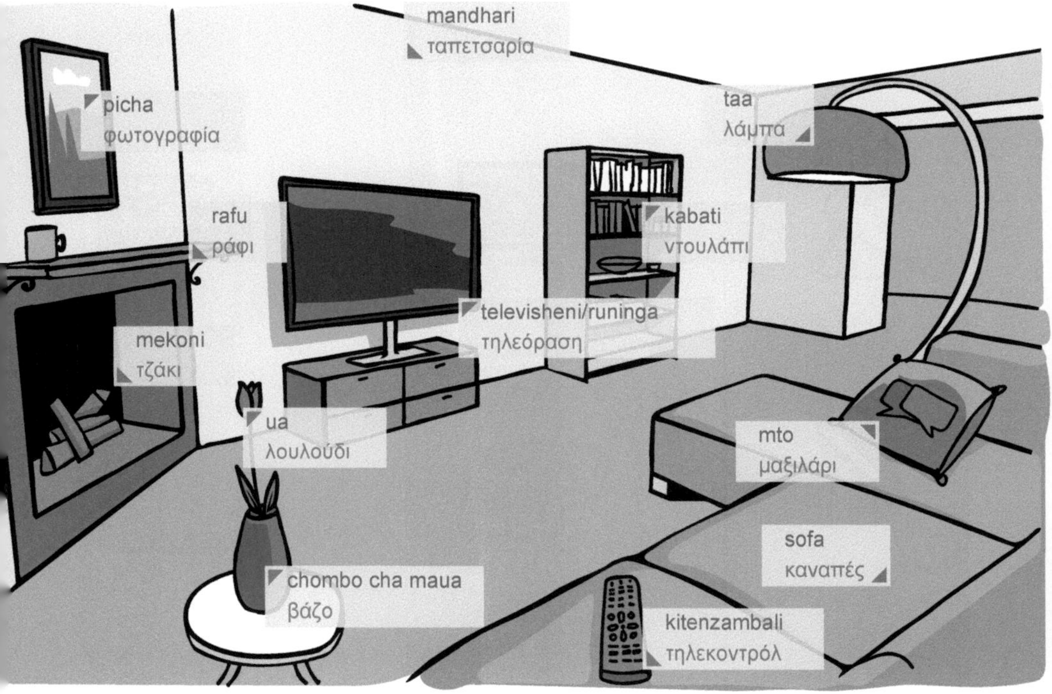

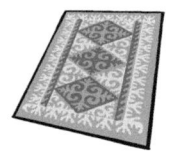

zulia

χαλί

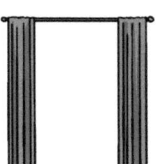

pazia

κουρτίνα

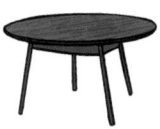

meza

τραπέζι

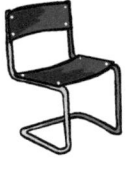

kiti

καρέκλα

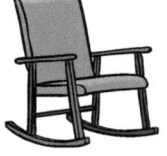

kiti cha bembea

κουνιστή πολυθρόνα

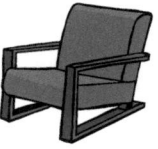

armchair

πολυθρόνα

kitabu

βιβλίο

blanketi

κουβέρτα

mapambo

διακόσμηση

kuni

καυσόξυλα

filamu

ταινία

kifaa cha hi-fi

στερεοφωνικό σύστημα

ufunguo

κλειδί

gazeti

εφημερίδα

uchoraji

πίνακας ζωγραφικής

bango

αφίσα

redio

ραδιόφωνο

daftari

σημειωματάριο

kifyonza

ηλεκτρική σκούπα

dungusi kakati

κάκτος

mshumaa

κερί

jikoni
κουζίνα

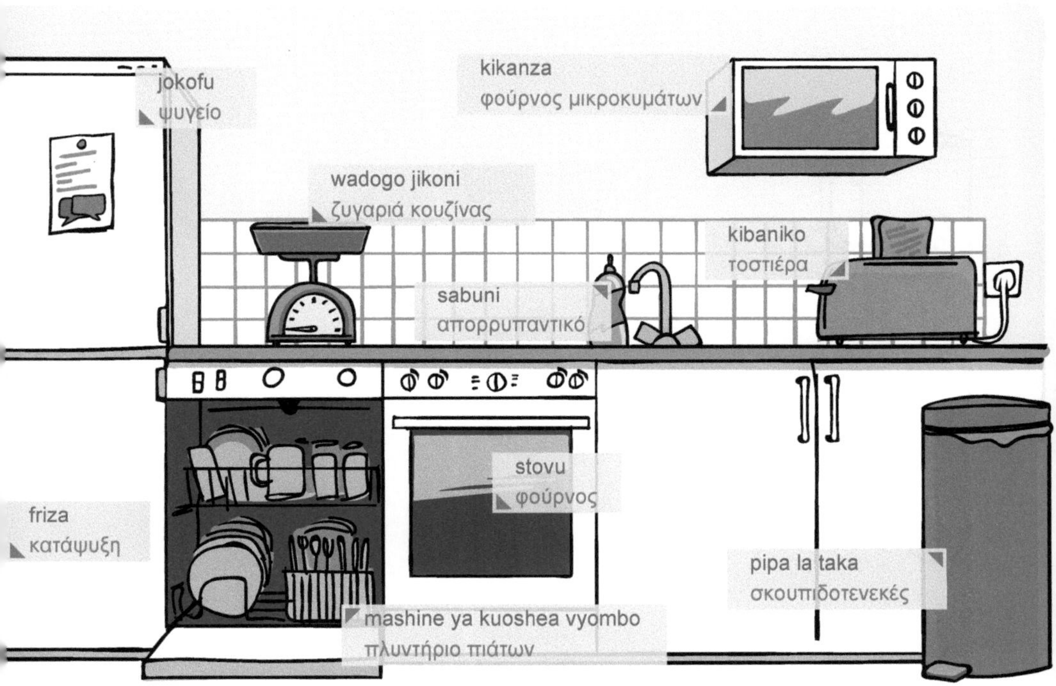

jokofu
ψυγείο
kikanza
φούρνος μικροκυμάτων
wadogo jikoni
ζυγαριά κουζίνας
kibaniko
τοστιέρα
sabuni
απορρυπαντικό
stovu
φούρνος
friza
κατάψυξη
pipa la taka
σκουπιδοτενεκές
mashine ya kuoshea vyombo
πλυντήριο πιάτων

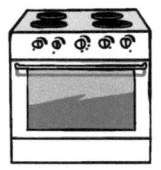

jiko la kupika

κουζίνα

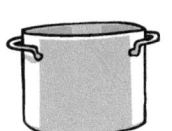

chungu

κατσαρόλα

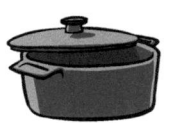

sufuria ya chuma

μαντεμένια κατσαρόλα

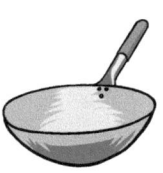

wok / kadai

γουόκ/καντάι

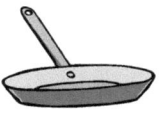

kaango

τηγάνι

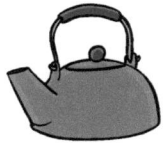

birika

βραστήρας

stima

ατμομάγειρας

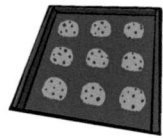

sinia ya kuoka

ταψί

vyombo vya udongo

πιατικά

kombe

κούπα

bakuli

μπολ

vijiti vya kulia

ξυλάκια

ukawa

κουτάλα

mwiko mpana

σπάτουλα

burashi

ανακατεύω

kichujio

σουρωτήρι

chujio

σουρωτηράκι

mbuzi

τρίφτης

chokaa

γουδί

barbeque

ψησταριά

moto wazi

ανοιχτή φωτιά

ubao wa majaribio

σανίδα κοπής

kijiti cha kusukuma unga

πλάστης

kizibuo

ανοιχτήρι φελλών

kopo

κονσέρβα

inaweza kopo

ανοιχτήρι κονσέρβας

kishikio cha chungu

γάντι φούρνου

karo

νεροχύτης

brashi

βούρτσα

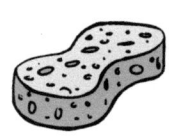

sifongo

σφουγγάρι

kisagaji matunda

μπλέντερ

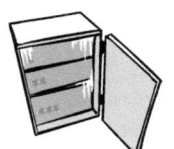

friji ya kina

καταψύκτης

chupa ya mtoto

μπιμπερό

bomba

βρύση

jikoni - κουζίνα
37

bafu
μπάνιο

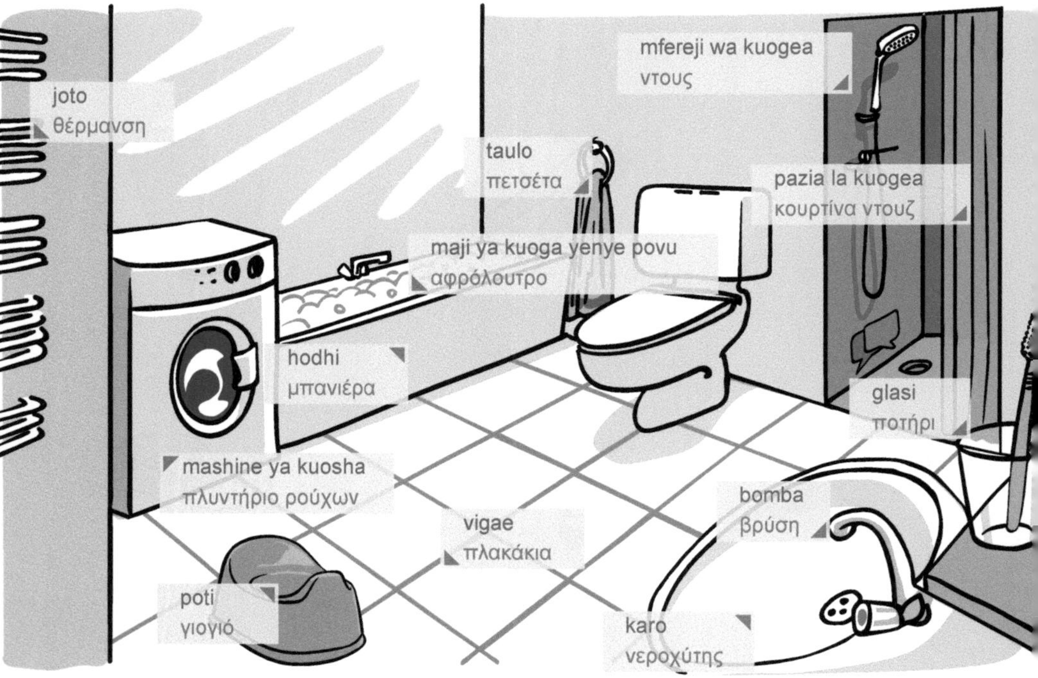

joto
θέρμανση
taulo
πετσέτα
mfereji wa kuogea
ντους
pazia la kuogea
κουρτίνα ντουζ
maji ya kuoga yenye povu
αφρόλουτρο
hodhi
μπανιέρα
glasi
ποτήρι
mashine ya kuosha
πλυντήριο ρούχων
bomba
βρύση
vigae
πλακάκια
poti
γιογιό
karo
νεροχύτης

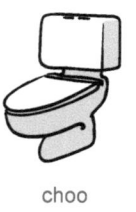

choo
τουαλέτα

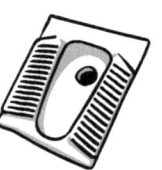

choo cha squat
τούρκικη τουαλέτα

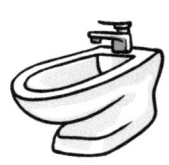

beseni la mviringo
μπιντές

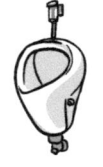

choo cha umma
ουρητήριο

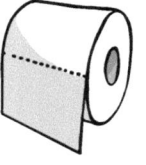

shashi
χαρτί υγείας

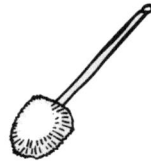

brashi ya choo
πιγκάλ

mswaki

οδοντόβουρτσα

dawa ya meno

οδοντόκρεμα

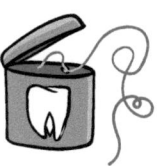

dawa ya meno

οδοντικό νήμα

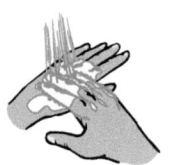

safisha

πλένω

kuoga mkono

τηλέφωνο ντους

msukumo wa maji

ντουσιέρα

bonde

λεκάνη

mpako wa pili

βούρτσα πλάτης

sabuni

σαπούνι

jeli ya kuogea

αφρόλουτρο

shampuu

σαμπουάν

flana

φανέλα

toa maji

σιφόνι

krimu

κρέμα

kiondoa harufu

αποσμητικό

bafu - μπάνιο

kioo

καθρέφτης

kioo mkono

καθρέφτης χειρός

kinyozi

ξυραφάκι

povu la kunyoa

αφρός ξυρίσματος

baada ya kunyoa

αφτερσέιβ

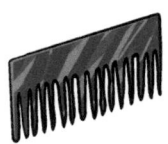

kichana

χτένα

brashi

βούρτσα

kikausha nywele

σεσουάρ

marashi ya nyewele

λακ

vipodozi

μακιγιάζ

kidomwa

κραγιόν

varnish ya msumari

βερνίκι νυχιών

pamba

βαμβάκι

mkasi wa kucha

ψαλίδι νυχιών

manukato

άρωμα

mkoba wa kuosha

νεσεσέρ

kinyesi

σκαμπό

mizani

ζυγαριά

nguo ya kuoga

μπουρνούζι

glavu za mpira

ελαστικά γάντια

kisodo

ταμπόν

sodo

πετσέτα υγιεινής

kemikali choo

χημική τουαλέτα

chumba ya mtoto
παιδικό δωμάτιο

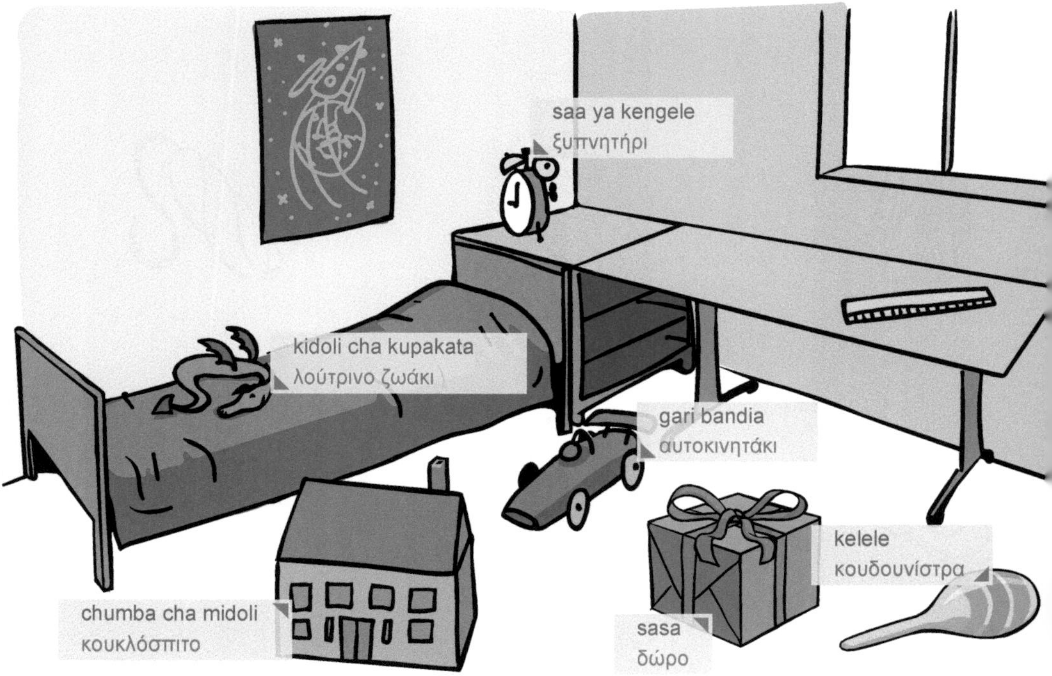

saa ya kengele
ξυπνητήρι

kidoli cha kupakata
λούτρινο ζωάκι

gari bandia
αυτοκινητάκι

kelele
κουδουνίστρα

chumba cha midoli
κουκλόσπιτο

sasa
δώρο

baluni

μπαλόνι

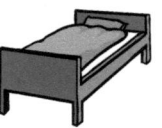

kitanda

κρεβάτι

mashua

καροτσάκι

staha ya kadi

τράπουλα

mchezo-fumb

παζλ

vichekesho

κόμικς

matofali lego

τουβλάκια lego

vitalu mwigo

τουβλάκια κατασκευών

hatua takwimu

φιγούρα δράσης

suti ya kulalia

βρεφικό φορμάκι

kisahani

φρίσμπι

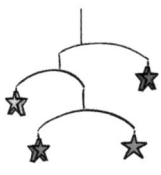

simu

μόμπιλο

ubao wa michezo

επιτραπέζιο παιχνίδι

kete

ζάρια

garimoshi mwigo

σετ τρενάκι

dummy

πιπίλα

chama

πάρτι

picha kitabu

εικονογραφημένο βιβλίο

mpira

μπάλα

kikaragosi

κούκλα

kucheza

παίζω

chumba ya mtoto - παιδικό δωμάτιο

shimo la mchanga

σκάμμα με άμμο

bembea

κούνια

vitu bandia

παιχνίδια

kiweko cha video ya mchezo

κονσόλα βιντεοπαιχνιδιών

baiskeli ya magurudumu

τρίκυκλο

matatu

mwanasesere

αρκουδάκι

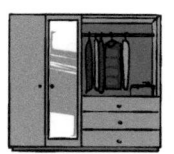

kabati

ντουλάπα

nguo
ρούχα

soksi

κάλτσες

stokingi

καλτσοδέτες

kibano

καλσόν

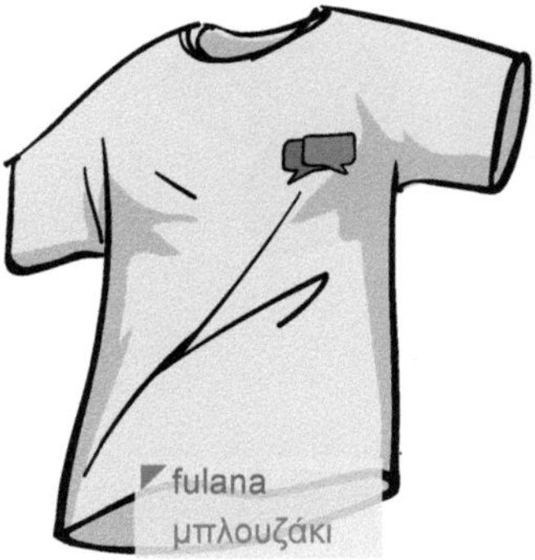

skafu
κασκόλ

mwavuli
ομπρέλα

fulana
μπλουζάκι

ukanda
ζώνη

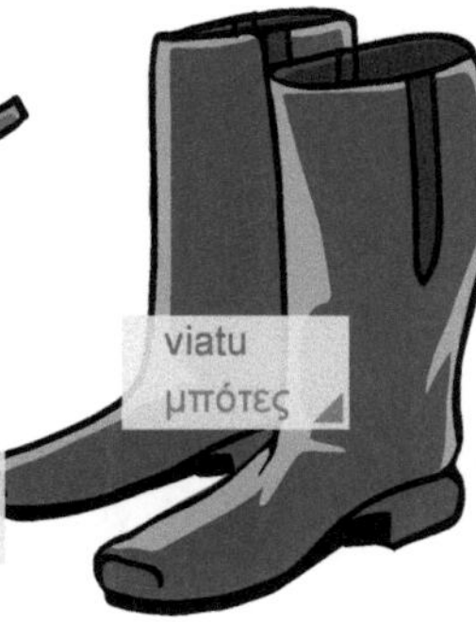

viatu
μπότες

ndara
παντόφλες

wakufunzi
αθλητικά παπούτσια

malapa

σανδάλια

viatu

παπούτσια

mabuti ya mpira

γαλότσες

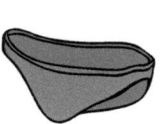

suruali ya ndani

εσώρουχο

sidiria

σουτιέν

fulana

φανέλα

mwili

σώμα

suruali

παντελόνι

dangirizi

τζιν παντελόνι

sketi

φούστα

blauzi

μπλούζα

shati

πουκάμισο

vuta

πουλόβερ

sweta

πουλόβερ

bleza

σακάκι

jaketi

μπουφάν

koti

παλτό

koti la mvua

αδιάβροχο πανωφόρι

maleba

κοστούμι

gauni

φόρεμα

mavazi ya harusi

νυφικό

suti
κοστούμι

vazi la usiku
νυχτικό

pajama
πιτζάμες

sari
σάρι

skafu
μαντήλι

kilemba
τουρμπάνι

burka
μπούρκα

kaftan
καφτάνι

abaya
μουσουλμανικό ένδυμα

vazi la kuogelea
ολόσωμο μαγιό

vazi la kiume la kuogelea
ανδρικό μαγιό

kaptura
σορτς

teitei
αθλητική φόρμα

aproni
ποδιά

glavu
γάντια

kifungo

κουμπί

glasi

γυαλιά

bangili

βραχιόλι

mkufu

περιδέραιο

pete

δαχτυλίδι

herini

σκουλαρίκι

kofia

καπέλο

kiango cha koti

κρεμάστρα

kofia

καπέλο

tai

γραβάτα

zipu

φερμουάρ

kofia

κράνος

kanda za suruali

τιράντες

sare za shule

μαθητική στολή

sare

στολή

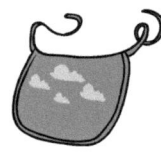

bibu

σαλιάρα

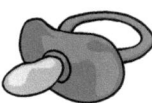

dummy

πιπίλα

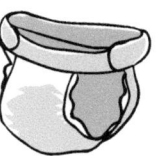

nepi

πάνα

ofisi

γραφείο

seva
σέρβερ
kabati la kuweka faili
αρχειοθήκη
kichapishaji
εκτυπωτής
karatasi
χαρτί
kiwambo
οθόνη
kipanya
ποντίκι
dawati
γραφείο
folda
ντοσιέ
kibodi
πληκτρολόγιο
ı cha kuweka karatasi chafu
ı αχρήστων
kompyuta
υπολογιστής
kiti
καρέκλα

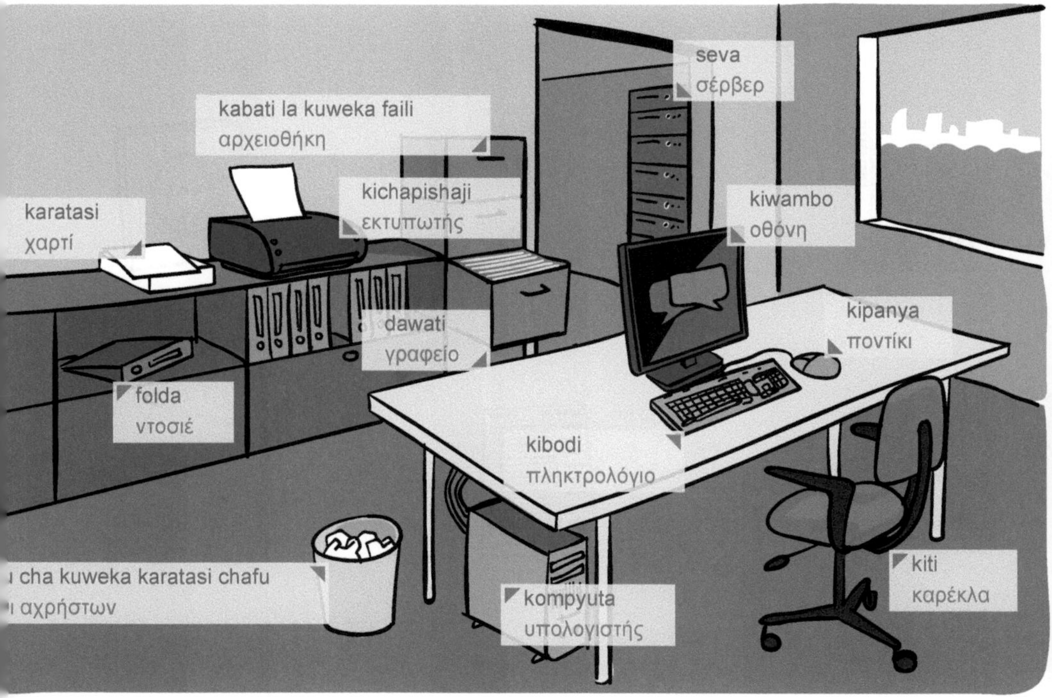

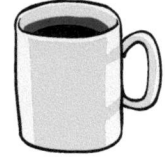

kmobe la kahawa

κούπα του καφέ

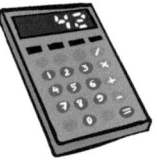

kikokotoo

κομπιουτεράκι

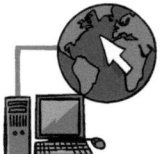

biashara

ίντερνετ

mbali

λάπτοπ

barua

γράμμα

ujumbe

μήνυμα

rununu

κινητό

intaneti

δίκτυο

fotokopia

φωτοτυπικό μηχάνημα

programu

λογισμικό

simu

τηλέφωνο

soketi

πρίζα

kipepesi

συσκευή φαξ

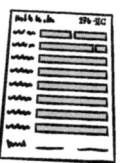

fomu

έντυπο

hati

έγγραφο

kununua

αγοράζω

kulipa

πληρώνω

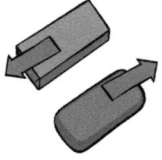

biashara

συναλλάσσομαι

fedha

χρήματα

dola

δολάριο

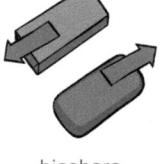

yuro

ευρώ

yeni

γιεν

rouble

ρούβλι

faranga ya Uswisi

ελβετικό φράγκο

renminbi yuan

ρενμίνμπι γιουάν

rupia

ρουπία

eneo la kulipia

ATM (αυτόματη ταμειακή μηχανή)

ofisi ya ubadilishanaji

ανταλλακτήρια
συναλλάγματος

dhahabu

χρυσός

fedha

ασήμι

mafuta

πετρέλαιο

nishati

ενέργεια

bei

τιμή

mkataba

συμβόλαιο

kodi

φόρος

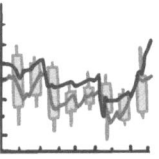

bidhaa

μετοχή

kazi

δουλεύω

mfanyakazi

υπάλληλος

mwajiri

εργοδότης

kiwanda

εργοστάσιο

duka

κατάστημα

kazi

επαγγέλματα

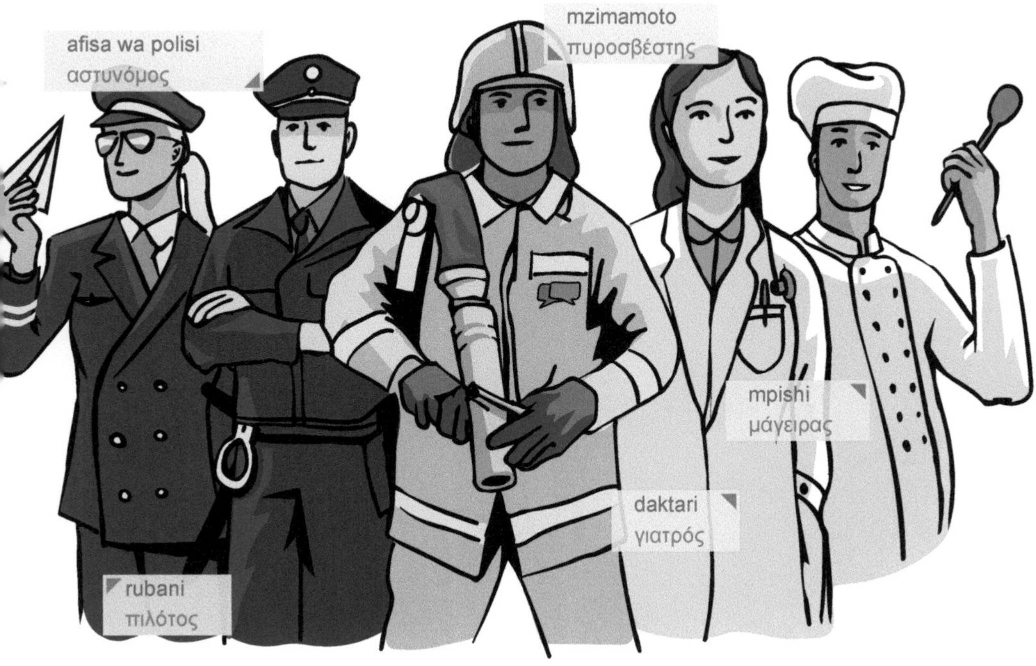

afisa wa polisi
αστυνόμος
mzimamoto
πυροσβέστης
mpishi
μάγειρας
daktari
γιατρός
rubani
πιλότος

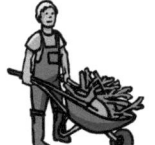

mtunza bustani

κηπουρός

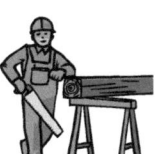

seremala

ξυλουργός

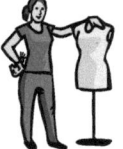

mshonaji

μοδίστρα

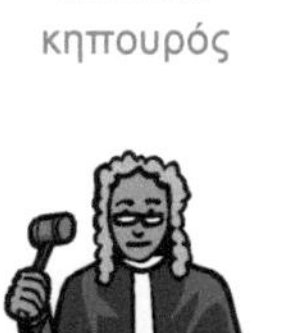

hakimu

δικαστής

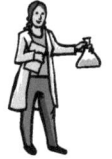

mwanakemia

χημικός

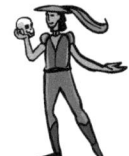

muigizaji

ηθοποιός

dereva wa basi

οδηγός λεωφορείου

dereva wa teksi

ταξιτζής

mvuvi

ψαράς

mwanamke wa kusafisha

καθαρίστρια

mwezekaji

τεχνίτης στεγών

mhudumu

σερβιτόρος

mwindaji

κυνηγός

mchoraji

ζωγράφος

mwokaji

αρτοποιός

umeme

ηλεκτρολόγος

mjenzi

οικοδόμος

mhandisi

μηχανολόγος

mchinjaji

κρεοπώλης

fundi bomba

υδραυλικός

mwanaposta

ταχυδρόμος

mwanajeshi

στρατιώτης

msanifu majengo

αρχιτέκτονας

keshia

ταμίας

muuza maua

ανθοπώλης

msusi

κομμωτής

kondakta

ελεγκτής εισιτηρίων

mekanika

μηχανικός

nahodha

καπετάνιος

daktari wa meno

οδοντίατρος

mwanasayansi

επιστήμονας

rabbi

ραβίνος

imamu

ιμάμης

mtawa

μοναχός

kasisi

ιερέας

zana
εργαλεία

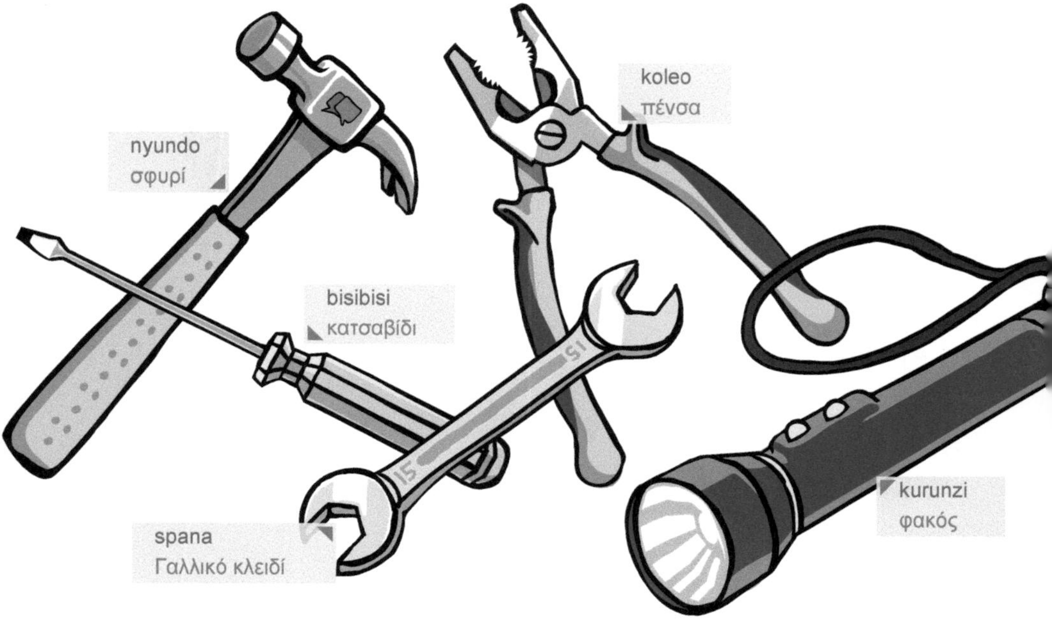
koleo
πένσα
nyundo
σφυρί
bisibisi
κατσαβίδι
spana
Γαλλικό κλειδί
kurunzi
φακός

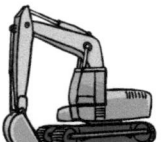

mchimbaji

εκσκαφέας

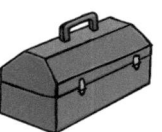

sanduku la vifaa

εργαλειοθήκη

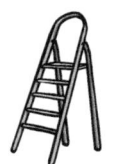

ngazi

σκάλα

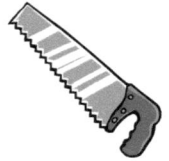

msumeno

πριόνι

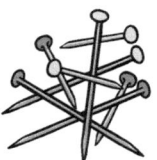

misumari

καρφιά

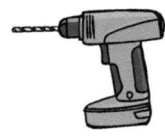

kuchimba visima

τρυπάνι

kukarabati
επισκευάζω

sepetu
φτυάρι

Lo!
Να πάρει!

kishikio cha uchafu
φαράσι

chungu cha rangi
δοχείο χρωμάτων

skurubu
βίδες

ala za muziki
μουσικά όργανα

spika
μεγάφωνο

mpangilio wa ngoma
ντραμς

gita
κιθάρα

besi mara mbili
κοντραμπάσο

tarumbeta
τρομπέτα

piano

πιάνο

fidla

βιολί

ubeji

μπάσο

timpani

τύμπανα

ngoma

τύμπανο

kibodi

πλήκτρα

saksafoni

σαξόφωνο

filimbi

φλάουτο

maikrofoni

μικρόφωνο

bustani ya wanyama
ζωολογικός κήπος

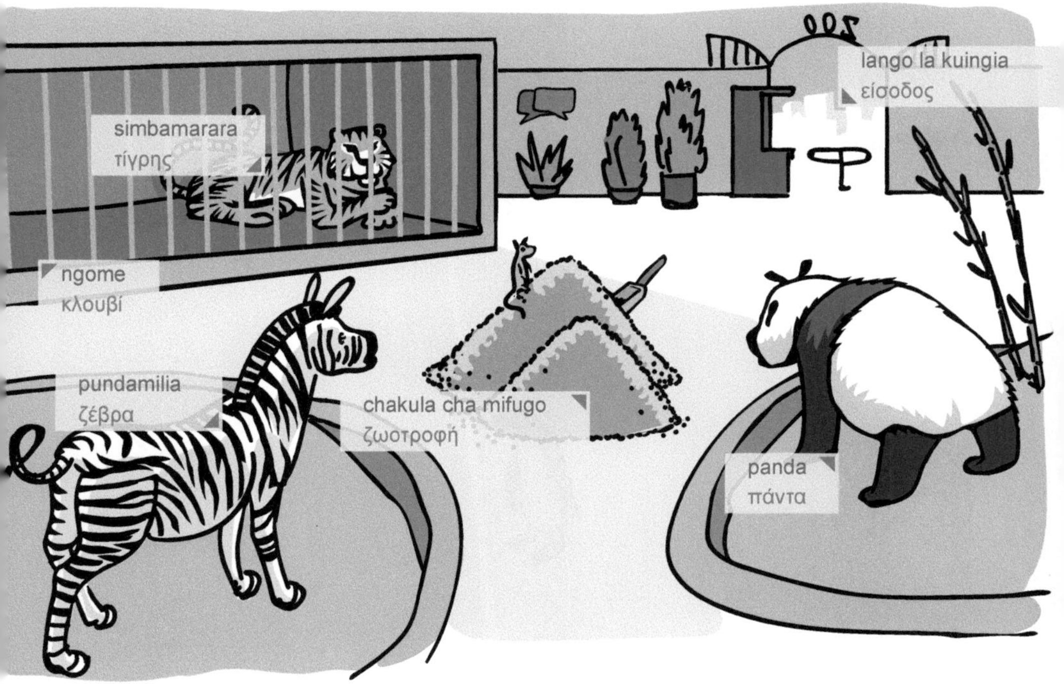

lango la kuingia
είσοδος
simbamarara
τίγρης
ngome
κλουβί
pundamilia
ζέβρα
chakula cha mifugo
ζωοτροφή
panda
πάντα

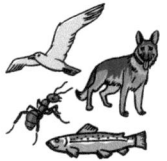

wanyama

ζώα

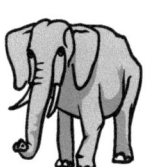

tembo

ελέφαντας

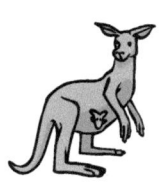

kangaruu

καγκουρό

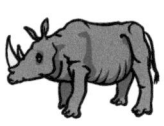

kifaru

ρινόκερος

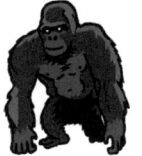

sokwe

γορίλας

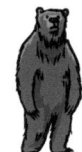

dubu

αρκούδα

ngamia

καμήλα

mbuni

στρουθοκάμηλος

simba

λιοντάρι

tumbili

πίθηκος

heroe

φλαμίνγκο

kasuku

παπαγάλος

dubu

πολική αρκούδα

penguini

πιγκουίνος

papa

καρχαρίας

tausi

παγώνι

nyoka

φίδι

mamba

κροκόδειλος

mtunza wanyama

φύλακας ζωολογικού κήπου

muhuri

φώκια

jaguar

τζάγκουαρ

mwanafarasi

πόνυ

chui

λεοπάρδαλη

kiboko

ιπποπόταμος

twiga

καμηλοπάρδαλη

tai

αετός

nguruwe mwitu

αγριογούρουνο

samaki

ψάρι

kobe

χελώνα

sili

θαλάσσιος ίππος

mbweha

αλεπού

paa

γαζέλα

soka ya marekani
Αμερικάνικο ποδόσφαιρο

uendeshaji baiskeli
ποδηλασία

tenisi
αντισφαίριση

mpira wa kikapu
μπάσκετ

kuogelea
κολύμβηση

ndondi
πυγμαχία

magongo ya barafuni
χόκεϋ επί πάγου

soka
ποδόσφαιρο

vinyoya
μπάντμιντον

riadha
στίβος

mpira wa mikono
χάντμπολ

skii
σκι

polo
πόλο

kuruka
πηδάω

cheka
γελάω

kumbatia
αγκαλιάζω

kutembea
περπατάω

kuimba
τραγουδάω

kuomba
προσεύχομαι

busu
φιλάω

ota ndoto
ονειρεύομαι

kuandika

γράφω

kuteka

σχεδιάζω

angalia

δείχνω

sukuma

πιέζω

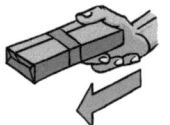

kutoa

δίνω

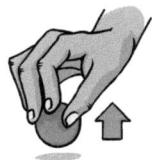

kuchukua

παίρνω

kuwa

έχω

fanya

κάνω

kuwa

είμαι

kusimama

στέκομαι

kukimbia

τρέχω

vuta

τραβάω

kutupa

ρίχνω

kuanguka

πέφτω

hadaa

ξαπλώνω

kusubiri

περιμένω

kubeba

κουβαλώ

kukaa

κάθομαι

vaa nguo

φοράω

usingizi

κοιμάμαι

kuamka

ξυπνάω

kuangalia

κοιτάω

lia

κλαίω

kiharusi

χαϊδεύω

chana nywele

χτενίζω

ongea

μιλάω

kuelewa

καταλαβαίνω

kuuliza

ρωτάω

kusikiliza

ακούω

kunywa

πίνω

kula

τρώω

nadhifisha

συγυρίζω

upendo

αγαπάω

mpishi

μαγειρεύω

gari

οδηγώ

kuruka

πετάω

meli

κάνω ιστιοπλοΐα

kokotoa

υπολογίζω

kusoma

διαβάζω

kujifunza

μαθαίνω

kazi

δουλεύω

kuoa

παντρεύομαι

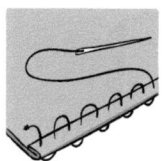

kushona

ράβω

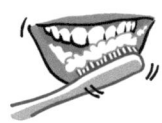

piga mswaki

βουρτσίζω τα δόντια

kuua

σκοτώνω

moshi

καπνίζω

kutuma

στέλνω

bibi
γιαγιά

babu
παππούς

baba
πατέρας

mama
μητέρα

mtoto
μωρό

binti
κόρη

bin
γιος

mgeni

καλεσμένος

shangazi

θεία

mjomba

θείος

kaka

αδελφός

dada

αδελφή

mwili
σώμα

paji la uso
μέτωπο
jicho
μάτι
uso
πρόσωπο
kidevu
πιγούνι
matiti
στήθος
kidole
δάχτυλο
mkono
χέρι
mkono
βραχίονας
bega
ώμος
mguu
πόδι

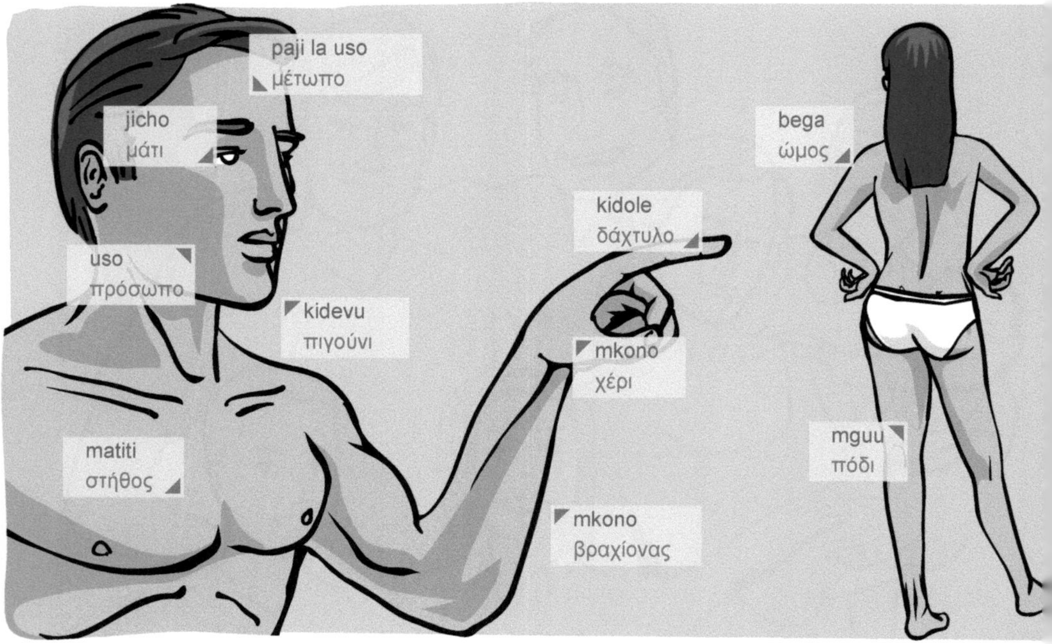

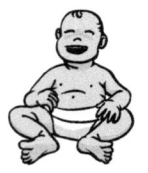

mtoto
μωρό

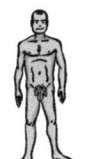

mwanamume
άνδρας

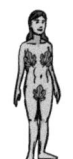

mwanamke
γυναίκα

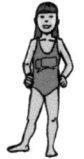

msichana
κορίτσι

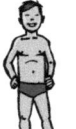

mvulana
αγόρι

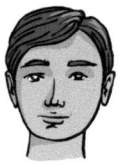

kichwa
κεφάλι

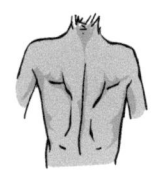

nyuma

πλάτη

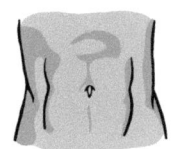

tumbo

κοιλιά

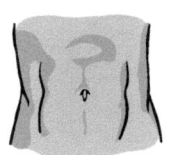

kitovu

αφαλός

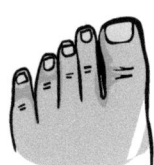

chano

δάχτυλο ποδιού

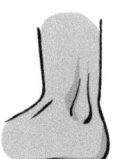

kisigino

φτέρνα

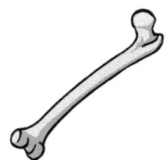

mfupa

κόκκαλο

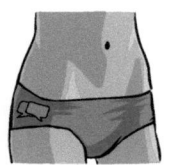

nyonga

γοφός

goti

γόνατο

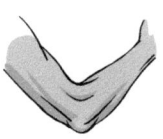

kiwiko

αγκώνας

pua

μύτη

chini

γλουτός

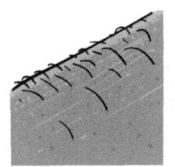

ngozi

δέρμα

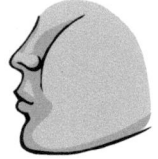

shavu

μάγουλο

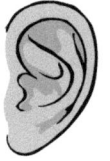

sikio

αυτί

mdomo

χείλος

kinywa

στόμα

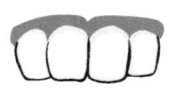

jino

δόντι

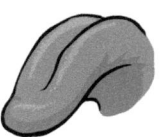

ulimi

γλώσσα

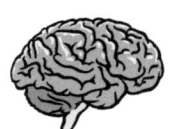

ubongo

εγκέφαλος

moyo

καρδιά

misuli

μυς

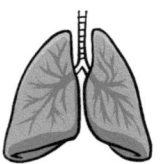

pafu

πνεύμονας

ini

συκώτι

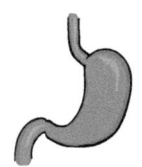

tumbo

στομάχι

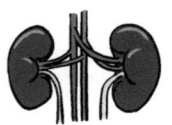

figo

νεφρά

jinsia

σεξουαλική επαφή

kondomu

προφυλακτικό

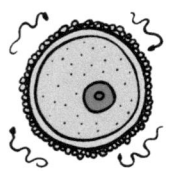

ovari

ωάριο

shahawa

σπέρμα

mimba

εγκυμοσύνη

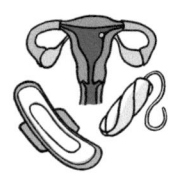

hedhi
περίοδος

uke
γυναικείος κόλπος

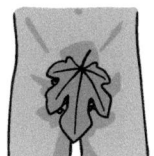

uume
πέος

unyusi
φρύδι

nywele
μαλλιά

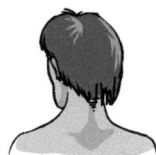

shingo
λαιμός

hospitali
νοσοκομείο

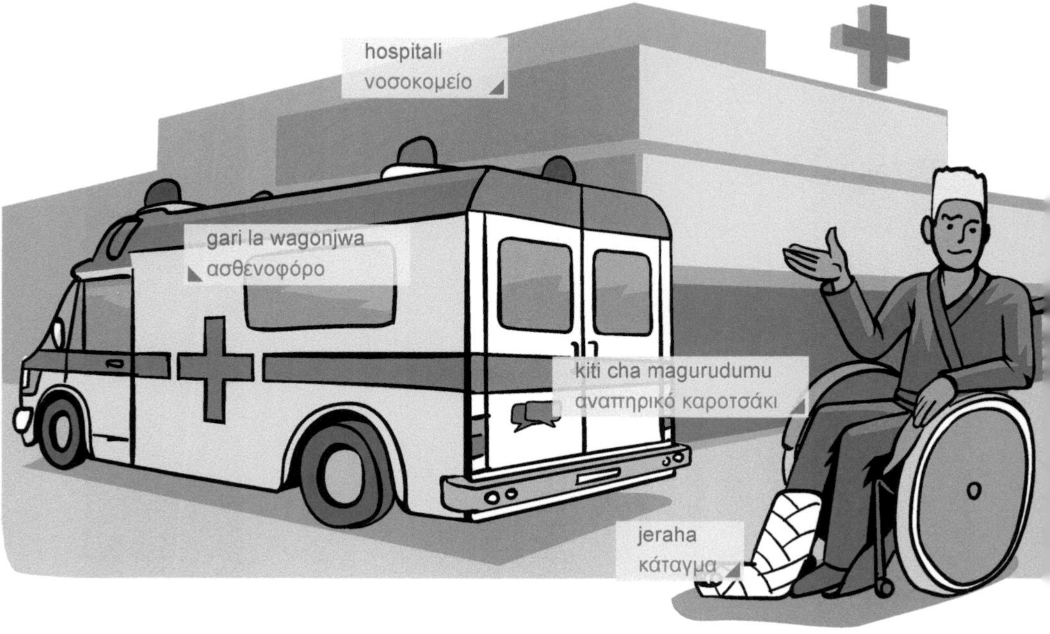

hospitali
νοσοκομείο
gari la wagonjwa
ασθενοφόρο
kiti cha magurudumu
αναπηρικό καροτσάκι
jeraha
κάταγμα

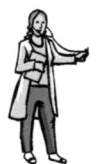

daktari
γιατρός

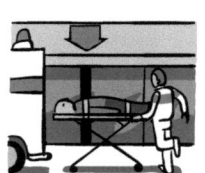

chumba cha dharura
μονάδα εντατικής θεραπείας

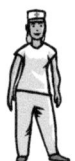

muuguzi
νοσοκόμα

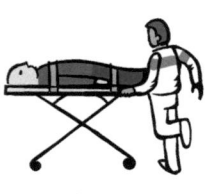

dharura
έκτακτη ανάγκη

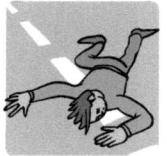

kupoteza fahamu
λιπόθυμος

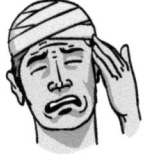

maumivu
πόνος

kuumia

τραύμα

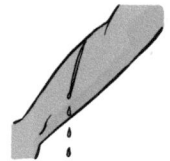

kutokwa na damu

αιμορραγία

mshtuko wa moyo

έμφραγμα

kiharusi

εγκεφαλικό

mzio

αλλεργία

kikohozi

βήχας

homa

πυρετός

mafua

γρίπη

kuharisha

διάρροια

maumivu ya kichwa

πονοκέφαλος

kansa

καρκίνος

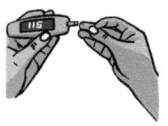

ugonjwa wa kisukari

διαβήτης

daktari mpasuaji

χειρουργός

kisu kidogo cha kupasulia

νυστέρι

operesheni

εγχείρηση

picha changanufu ya mwili

αξονική τομογραφία

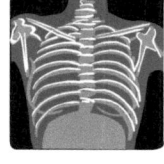

Eksrei

ακτινογραφία

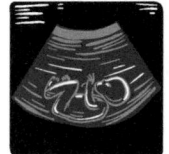

mawimbi sauti

υπέρηχος

barakoa ya uso

μάσκα

ugonjwa

ασθένεια

chumba cha kusubiri

αίθουσα αναμονής

mkongojo

πατερίτσα

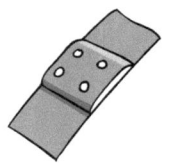

plasta

χάνσαπλαστ

bendeji

επίδεσμος

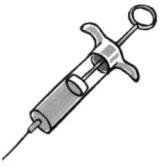

sindano

ένεση

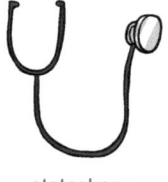

stetoskopu

στηθοσκόπιο

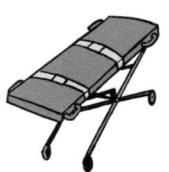

machela

φορείο

kipimajoto cha kliniki

θερμόμετρο

kuzaliwa

γέννηση

unene kupita kiasi

υπέρβαρο

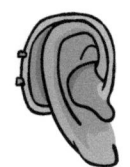

kusikia misaada

ακουστικό βαρηκοΐας

kipukusi

αντισηπτικό

maambukizi

λοίμωξη

virusi

ιός

VVU / UKIMWI

HIV/AIDS

dawa

φάρμακο

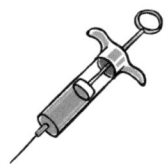

chanjo

εμβολιασμός

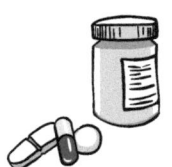

vidonge

δισκία

kidonge

χάπι

simu ya dharura

κλήση έκτακτης ανάγκης

haemodainamometa

πιεσόμετρο αίματος

mgonjwa / mwenye afya

άρρωστος / υγιής

Msaada!
Βοήθεια!

kengele
συναγερμός

pigo
βιαιοπραγία

shambulizi
επίθεση

hatari
κίνδυνος

lango la dharura
έξοδος κινδύνου

Moto!
Φωτιά!

kizima moto
πυροσβεστήρας

ajali
ατύχημα

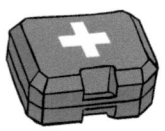

vifaa vya huduma ya
kwanza
κουτί πρώτων βοηθειών

wito wa msaada
SOS

polisi
αστυνομία

Ulaya

Ευρώπη

Amerika ya Kaskazini

Βόρεια Αμερική

Amerika ya Kusini

Νότια Αμερική

Afrika

Αφρική

Asia

Ασία

Australia

Αυστραλία

Atlantiki

Ατλαντικός Ωκεανός

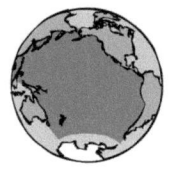

Pasifiki

Ειρηνικός Ωκεανός

Bahari ya Hindi

Ινδικός Ωκεανός

Bahari ya Antaktiki

Ανταρκτικός Ωκεανός

Bahari ya Aktiki

Αρκτικός Ωκεανός

Ncha ya Kaskazini

Βόρειος Πόλος

Ncha ya Kusini

Νότιος Πόλος

Antaktika

Ανταρκτική

dunia

Γη

nchi

γη

bahari

θάλασσα

kisiwa

νησί

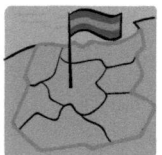

taifa

έθνος

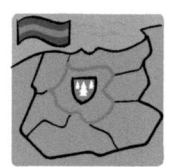

jimbo

πολιτεία

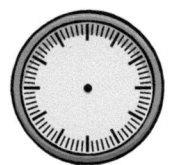

uso wa saa

καντράν ρολογιού

akrabu ya saa

ωροδείκτης

akrabu ya dakika

λεπτοδείκτης

akrabu ya sekunde

δείκτης δευτερολέπτων

Ni saa ngapi?

Τι ώρα είναι;

siku

ημέρα

wakati

χρόνος

sasa

τώρα

saa ya dijitali

ψηφιακό ρολόι

dakika

λεπτό

saa

ώρα

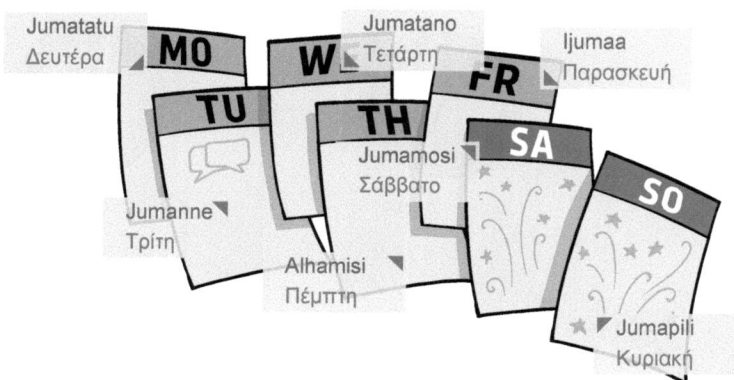

Jumatatu
Δευτέρα

Jumatano
Τετάρτη

Ijumaa
Παρασκευή

Jumanne
Τρίτη

Jumamosi
Σάββατο

Alhamisi
Πέμπτη

Jumapili
Κυριακή

jana
χθες

leo
σήμερα

kesho
αύριο

asubuhi
πρωί

saa sita mchana
μεσημέρι

jioni
βράδυ

MO	TU	WE	TH	FR	SA	SU
1	2	3	4	5	6	7
8	9	10	11	12	13	14
15	16	17	18	19	20	21
22	23	24	25	26	27	28
29	30	31	1	2	3	4

siku za biashara
εργάσιμες ημέρες

MO	TU	WE	TH	FR	SA	SU
1	2	3	4	5	6	7
8	9	10	11	12	13	14
15	16	17	18	19	20	21
22	23	24	25	26	27	28
29	30	31	1	2	3	4

mwishoni mwa wiki
Σαββατοκύριακο

mwaka

έτος

mvua
βροχή
upinde wa mvua
ουράνιο τόξο
upepo
άνεμος
theluji
χιόνι
majira ya machipuko
άνοιξη
kiangazi
καλοκαίρι
vuli
φθινόπωρο
majira ya baridi
χειμώνας

4.APRIL 11°
5.APRIL 4°
6.APRIL 13°
7.APRIL 8°
8.APRIL 10°

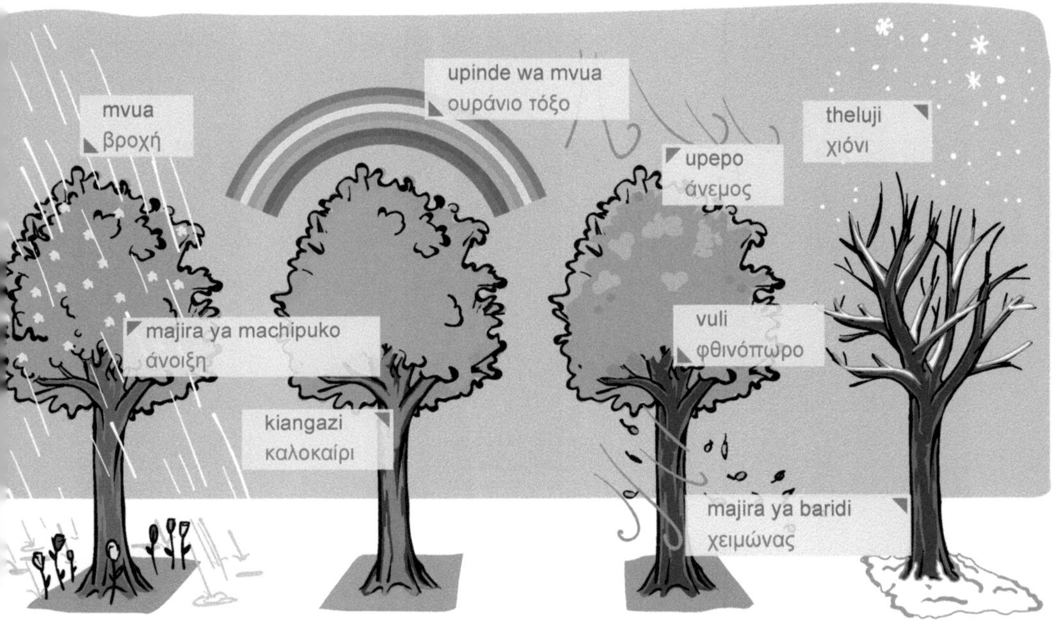

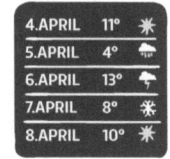

utabiri wa hali ya hewa

πρόγνωση καιρού

F C
120 40
90 30
60 20
30 10
0 0
-30 -10
-20

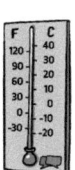

kipimajoto

θερμόμετρο

mwanga wa jua

λιακάδα

wingu

σύννεφο

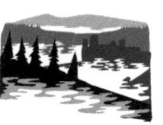

ukungu

ομίχλη

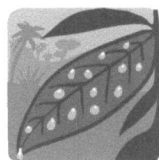

unyevu

υγρασία

umeme

αστραπή

radi

κεραυνός

dhoruba

καταιγίδα

mvua ya mawe

χαλάζι

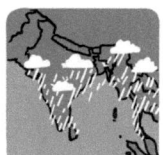

monsuni

μουσώνας

mafuriko

πλημμύρα

barafu

πάγος

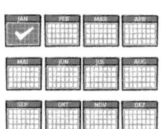

Januari

Ιανουάριος

Februari

Φεβρουάριος

Machi

Μάρτιος

Aprili

Απρίλιος

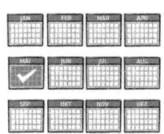

Mei

Μάιος

Juni

Ιούνιος

Julai

Ιούλιος

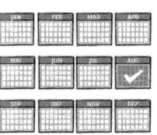

Agosti

Αύγουστος

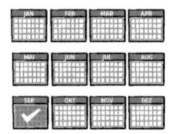

Septemba

Σεπτέμβριος

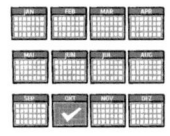

Oktoba

Οκτώβριος

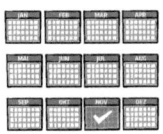

Novemba

Νοέμβριος

Desemba

Δεκέμβριος

maumbo
σχήματα

mduara

κύκλος

mraba

τετράγωνο

mstatili

ορθογώνιο
παραλληλόγραμμο

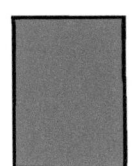

pembetatu

τρίγωνο

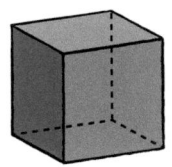

nyanja

σφαίρα

mchemraba

κύβος

nyeupe

άσπρο

manjano

κίτρινο

chungwa

πορτοκαλί

rangi ya waridi

ροζ

nyekundu

κόκκινο

hudhurungi

μωβ

bluu

μπλε

kijani

πράσινο

hanja

καφέ

jivujivu

γκρι

nyeusi

μαύρο

mengi / kidogo

πολύ / λίγο

hasira / pole

θυμωμένος / ήρεμος

nzuri / mbaya

όμορφος / άσχημος

mwanzo / mwisho

αρχή / τέλος

kubwa / ndogo

μεγάλος / μικρός

angavu / giza

φωτεινός / σκοτεινός

kaka / dada

αδελφός / αδελφή

safi / chafu

καθαρός / λερωμένος

kamilika / tokamilika

πλήρης / ατελής

siku / usiku

ημέρα / νύχτα

wafu / hai

νεκρός / ζωντανός

pana / nyembamba

φαρδύς / στενός

kulika / kutolika

βρώσιμος / μη βρώσιμος

ovu / ema

κακός / ευγενικός

sisimkwa / udhika

ενθουσιασμένος /
βαριεστημένος

nene / nyembamba

παχύς / λεπτός

kwanza / mwisho

πρώτος / τελευταίος

rafiki / adui

φίλος / εχθρός

jaa / tupu

γεμάτος / άδειος

ngumu / laini

σκληρός / μαλακός

nzito / nyepesi

βαρύς / ελαφρύς

njaa / kiu

πείνα / δίψα

mgonjwa / mwenye afya

άρρωστος / υγιής

haramu / kisheria

παράνομος / νόμιμος

akili / kijinga

έξυπνος / χαζός

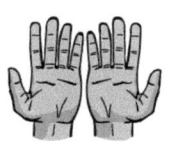

kushoto / kulia

αριστερός / δεξιός

karibu / mbali

κοντινός / μακρινός

mpya / kutumika

καινούριος / μεταχειρισμένος

kitu / jambo

τίποτα / κάτι

zee / changa

γέρος | νέος

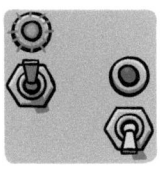

waka / zima

αναμμένος / σβηστός

wazi / fungwa

ανοιχτός / κλειστός

utulivu / kelele

χαμηλόφωνος / μεγαλόφωνος

tajiri / masikini

πλούσιος / φτωχός

sahihi / kosa

σωστός / λανθασμένος

mbaya / laini

τραχύς / λείος

huzunika / furahia

λυπημένος / χαρούμενος

fupi /ndefu

κοντός / μακρύς

polepole / haraka

αργός / γρήγορος

nyevu / kavu

υγρός / στεγνός

joto / baridi

ζεστός / δροσερός

vita / amani

πόλεμος / ειρήνη

0	**1**	**2**
sufuri	moja	mbili
μηδέν	ένα	δύο

3	**4**	**5**
tatu	nne	tano
τρία	τέσσερα	πέντε

6	**7**	**8**
sita	saba	nane
έξι	εφτά	οκτώ

9	**10**	**11**
tisa	kumi	kumi na moja
εννιά	δέκα	έντεκα

12

kumi na mbili

δώδεκα

13

kumi na tatu

δεκατρία

14

kumi na nne

δεκατέσσερα

15

kumi na tano

δεκαπέντε

16

kumi na sita

δεκαέξι

17

kumi na saba

δεκαεφτά

18

kumi na nane

δεκαοκτώ

19

kumi na tisa

δεκαεννέα

20

ishirini

είκοσι

100

mia

εκατό

1.000

elfu

χίλια

1.000.000

milioni

εκατομμύριο

Kiingereza

Αγγλικά

Kiingereza cha Marekani

Αμερικάνικα Αγγλικά

Kimandarini cha Uchina

Μανδαρίνικα Κινέζικα

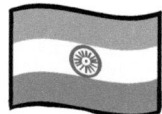

Kihindi

Χίντι

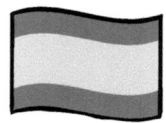

Kihispania

Ισπανικά

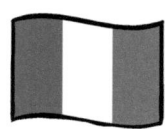

Kifaransa

Γαλλικά

Kiarabu

Αραβικά

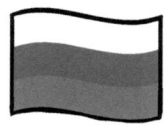

Kirusi

Ρώσικα

Kireno

Πορτογαλικά

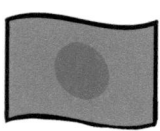

Kibengali

Μπενγκάλι

Kijerumani

Γερμανικά

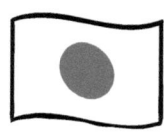

Kijapani

Ιαπωνικά

mimi

εγώ

wewe

εσύ

yeye / yeye / ni

αυτός / αυτή / αυτό

sisi

εμείς

wewe

εσείς

wao

αυτοί / αυτές / αυτά

nani?

ποιος / ποια / ποιο;

nini?

τι;

jinsi gani?

πώς;

wapi?

πού;

lini?

πότε;

jina

όνομα

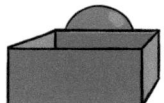

nyuma

πίσω

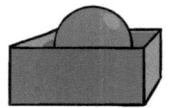

katika

μέσα

mbele ya

μπροστά

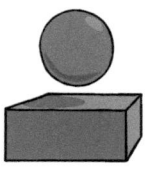

juu ya

πάνω από

kwenye

πάνω

chini ya

κάτω

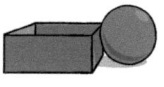

kando

δίπλα

kati

ανάμεσα

mahali

μέρος